COLLANA

CARMINA MODERNA

- 7 -

*con il contributo della
Regione Campania*

Rubina Valli

Confini

Immagine di copertina di Pontus Incitis

© 2020 Associazione Culturale Riscontri
Via Luigi Amabile 42
83100 Avellino
ass.riscontri@gmail.com

© 2020 Il Terebinto Edizioni
Sede legale: Via degli Imbimbo, n. 8, Scala E
83100 Avellino
tel. 340/6862179
e-mail: terebinto.edizioni@gmail.com
www.ilterebintoedizioni.it

A Donata, Doni, Picci mia…

INDICE

PREFAZIONE

C'è quiete e c'è tempesta nel cammino che la sorte ad ognuno riserva, ci sono attimi eterni e giorni lunghi e opachi. È il cammino dell'essere nel solco dell'ignoto, il destino che ci appartiene e ci accomuna, e in questo tormentato cammino ognuno muove i passi e attraversa il sentiero a suo modo, con le scelte, le azioni e con le emozioni che sgorgano dal proprio cuore. A volte poi queste scelte coraggiose e queste emozioni profonde divengono poesia e restano taglienti frammenti di tempesta che si stringono tra le mani, chiari brandelli di sole che illuminano l'orizzonte del cuore.

Dalle nebbie sottili della vita, dall'anima profonda dell'uragano, emergono i versi potenti di questa silloge di Rubina Valli, intrisa di luce, forza e bellezza. Nei suoi limpidi versi, l'autrice attraversa il tumulto e il dolore con l'innocente audacia di chi riconosce la fragilità della propria condizione, ma continua tenacemente a lottare. Rubina attraversa la bufera con l'indomito ardore di chi non sfida le ombre, ma si immerge in esse e le affronta, le scruta, le sfiora per poterle curare. La poetessa si ripiega sull'io tormentato. Scava a mani nude nel cuore dell'essere e della vita, accarezza ogni affannato pensiero lasciandolo libero di gemere e urlare, scruta, con occhi pietosi, la solitudine, il vuoto, l'assenza e lascia che ogni fibra del cuore e dei versi siano scossi dalla furiosa tempesta e brucino in essa. Al rasserenarsi del cielo infuocato l'anima stanca resta ad ascoltare l'eco rosso del dolore e, dignitosa e paziente, raccoglie le scintille e la cenere calda che, come viva argilla, modella nel "sostrato di luce" a cui àncora saldamente la sua anima e i suoi versi.

Un lungo temerario processo catartico che inabissa l'autrice e il lettore nelle voragini inquiete della sofferenza e li denuda di fronte all'ineluttabilità del tempo e del dolore. Un processo faticoso e inquieto ma che concede loro, nella paziente cura dell'amore, la possibilità di lenire le ferite e di guarire, quel guarire che «ha il ritmo della luna e del mare» e che consentirà alla fine di riemergere dalle ombre e poter riassaporare la dolcezza della vita.

Meravigliosi i versi nella loro armoniosa struttura, intessuta finemente di figure poetiche fortemente evocative, di rara bellezza e di poderosa energia. Finemente cesellato il lessico nei fonemi e nel ritmo, accorato, suggestivo ed efficace, con parole in grado di assumere le forme di strumenti taglienti o di premurose carezze nella trama delle singole liriche e dell'intreccio della silloge.

Un impasto luminoso e potente la scrittura di Rubina Valli, un volo coraggioso tra gli abissi profondi e le altezze vertiginose dell'anima, laddove l'essere supera i confini della pelle, degli occhi e del cuore e diviene luce e poesia.

Emilia Dente

Confini

/con·fì·ne/

sostantivo maschile

La lama esatta tra il cedere e il negare

Il bilico diafano tra uscire e lasciare entrare

Il margine cedevole tra il proteggersi e il rischiare

Il tratto violabile tra abitarsi e lasciarsi abitare

1

Sotto la mia pelle

Abitano intricati spaventi

Ma anche caldi ripari di luce

Nel grembo una luna matura

E tra spigoli d'ossa

Un cuore come un lupo in inverno

Inesplicabile archivio di vita

2

All'improvviso

Ho di nuovo un corpo

Ho confini

Senza filo spinato

Ho un cuore che accoglie

E si nutre

Ho mani non in cerca

D'ossa da limare

Ma del contatto con la

Curva viva del grembo

E del sangue amano

Il rinnovo della vita

L'inviolabile fiducia

3

La miniera buia delle radici

È l'archivio che narra di me

In una lingua ignota

Scrivo per impastare

La mia terra di tempesta

E districare briciole d'oro

Che saranno le parole

Per (s)coprirmi.

4

Nel fondo

Oltre le spinose archeologie del tempo

E il marmo del dolore impenetrabile

Tra silenzi di roccia e
Fondali ciechi

Racchiudo di noi
Una memoria morbida e pura

Un organo segreto che
Mi batte nel corpo

Luminoso e vivo

5

Sono nuda.

Non la nudità di seno e pelle

Ma una nudità più cava,

di fondali spaccati

e rifugi invasi.

Del coccio di vetro

Levigato dal mare

E poi seccato a riva.

La nudità inerme della lepre

Quando il falco

Le squarcia il cammino.

6

La tua voce mi posa

La sua orma dentro al petto

E m'ingravida di luce

Come un risuonare di spine

Che s'allentano

Si fa morbido il respiro

E s'intaglia l'attesa calda della pelle

Incrociamo nello sguardo

Il fondale vivido

Il cuore buio

Che ferocemente custodiamo

7

Di te mi chiama la pelle

La cavità raccolta delle mani

Mi chiamano le ferite –

Piccoli fiori gualciti e nudi

Mi chiama la tempesta

Che ti emerge fiera nello sguardo

Mi chiama la dolcezza lattea

Che schiudi nei sorrisi

Mi chiama il fuoco che conosco

A illuminare il tuo mistero

8

Con lo sguardo m'hai scavato

Un nido nella pelle

Mi schiudo –

Un vacillare d'equilibrio

Una corrente

Ti faccio spazio, ti prendo:

vieni, mio

Sono terra e grembo e seme

E tu sei seme e frutto

Custodisco questo nodo di radici

Questo penetrarsi di fondali

E lo nutro d'ombre buone, vive

Lo vesto del silenzio quieto

Che ci bagna e lega

Sotto pelle

9

Chissà da quale distanza

Ci intuiamo, da quale sorgente.

Fatta non di parole o pensiero

Ma della sostanza che sta al fondo,

Radice di noi vivissima e schiva.

Chissà quale voce intendiamo

Che non parla eppure chiama

E mi attraversa la carne fino al grembo.

Chissà quando snoderai la tua paura

Sul mio petto che attende.

10

Voglio una tua parola

La sento mancarmi

Come qualcosa che abitava

Nel petto

Voglio sentirla tornare

Come un uccello al nido

Dopo tanti anni

A posarsi stanca nell'incavo

Del mio respiro

11

Te ne andrai, me ne andrò.

Eppure resteremo.

Le anime allacciate

Non temono distanze

Si abitano da lontano

Come nel mare resta

Il sapore di rocce e radici

Dal fiume che lento si curva

E lo nutre

12

Chiudiamo porta e finestra

Stiamo in quest'aula stretta di respiro

Tra ruggine di sbarre

E cortili ciechi di cemento

Spalancato al cielo

La bellezza la liberiamo qui

(senza saperlo)

Ci è sfuggita – cervo

Maestoso e schivo

La bellezza è quel dolore puro

Che mi offrite nello sguardo

È il mio disarmo limpido, inatteso

È la vostra mano sul pianto

Che mi trema nella voce

È la dolcezza nuda, improvvisa

Il trovarsi e custodirsi

Nella quiete fonda che attraversa

Il tempo e le parole

E allenta i nostri confini

13

Più avanti non si può

Allora fermiamoci qui

A questo confine sottile

Limato a sangue da parole vive

Fermiamoci a questo calore

Appena affiorato dal fondo

Facciamone tana e bosco e nido

A contenere il dolore -

materia viva che ci riguarda.

Più avanti non si può

E neanche indietro

Fermiamoci qui

Restiamo e conserviamo

Di questo confine

La purissima luce

14

Sono un fiore di campo

Nato per caso

A sproposito

Selvatico

Lascio i petali al vento

Con facilità

Ma ho salde radici

I vasi e le aiuole mi spaventano

Voglio campi di terra nuda

Sotto i piedi per affondare le dita

E onde di vento

A baciarmi le labbra.

15

Ti ho offerto di me le ferite

Come spighe che graffiavano le mani.

Le hai sgranate una a una

Con dita precise

Fino ai semi lucenti.

Lentamente

Ho guardato il mio dolore

Farsi farina e pane sui tuoi palmi.

16

Ho un cuore di rovi

Come un fondale di bosco

Sento nel battere un graffiare di spine

Fino a quel disarmo lieve della sera

Quando il corpo si allenta

Nel quieto disfarsi della luce

E c'è nel petto

Un respiro di muschio

E terra tenace

Un sollievo di linfa a smussare le spine

17

La nostra magnolia

Guarda il vento oltre

Palpebre di velluto.

Il suo profumo

nutre l'aria.

Il mandorlo si sfoglia

Senza peso, neve fine.

Muschio e terra attendono

Fecondi e quieti.

La mia mano

È un albero fiorito.

18

Un dono:

due fiori.

Due calici di petali bianchi

Turgidi

Intatti

Tardivi

Tra le foglie nuove

Mentre i loro compagni sono

Ali di seta gualcita

E color della terra

Ai piedi della magnolia

Tutti sfioriti, caduti

Tranne due

E io so

Io so

Che questi fiori

Sono le tue mani

19

Sfila dalle labbra le parole

E affondale nella mia terra che ti attende.

Senti le tue radici farsi strada

Come un pacato disgelo?

Ti accolgo dove non ho difese

Dove mi solca il mio vento selvatico

E lì ti ascolto sbocciare.

20

Tu sei in me

In modi sottili e misteriosi

In silenzi antichi, uterini

Lungo sentieri che s'addentrano e smarriscono

Nel vivo risuonare del cuore

Abiti spazi di me che forse non conosco

Sei presenza inviolabile

Sei voce che mi scorre e m'attraversa

Limpido fiume segreto

Sotterranea tenerezza

Inespugnabile sostanza di luce.

21

Sei venuta come la primavera

A scavarmi con mani di luce

E estrarmi dal mio buio

A pettinare i miei rovi

In ciocche docili fra i tuoi palmi

Ho conosciuto in te

La fiducia aperta di lasciarsi andare

Quel sollievo di campo arato

Quando si offre al sole a occhi chiusi

E darà i frutti più belli

Quell'estasi segreta di *essere* qui

Di essere – insieme a te

-    *Viva.*

22

Le mie ferite sono un nido

Un groviglio di silenzi e spaventi
Sul fondo di un pozzo scuro

La parola amore
È la porta del pozzo

La falce di luna
Che hai schiuso su di me
– scala verso l'aria

Sei l'appiglio di luce
A illuminarmi la strada.

23

Abito lo spazio con stupore,

Con circospezione.

Mi muovo nel tempo

Come un ospite:

Sulle spine.

Sono l'attimo sbagliato,

La metamorfosi dolorosa

Tra pesce e anfibio:

Creatura scomoda

Senza casa.

Si affanna nell'acqua

E annaspa nell'aria

Eppure non muore.

Vive nel limbo

Tra essere e diventare,

Senza pace

24

Chiusa dentro.

Come un seme che si gonfia

E non germoglia

O una nuvola che annega

Nei propri temporali.

Come una finestra sbarrata

Sull'alba a spegnere le voci.

Parole nude gettate

A caso sul selciato come sassi.

Passano occhi e mani

Senza intuire

I miei fiori e le mie tempeste

25

Il mondo è uguale

Ma tu dove sei?

La luce mi penetra

Come un ago

Fino ai fondali delle radici

E non ho difese

Non ho palpebre da serrare

Sul tuo vuoto

Non ho pelle da opporre

All'invasione del mondo

Spoglio di te

Dove sei?

26

Mi hanno sfilato il cuore

Con un colpo di pietra.

Mi sento nuda.

Inopportuna: il mio corpo

Non è più la mia casa.

Il mio corpo è cavo dove

Batteva il cuore

E ho disimparato

Le lingue degli altri.

Mi abitano altre parole.

Sono inadatta.

Sono lontana.

Non ho denominatore comune

A mitigarmi il mondo.

Sono spaiata.

Dove c'era il cuore

Abita il tuo nome.

Io sono lì.

Chiusa a colpi di pietra.

27

Io e te.

Che bello era dire "io"

Quando c'eri "tu".

Che bella ch'ero io

Quando c'eri tu.

Che bella ch'eri tu.

Che belle ch'eravamo "noi".

Che bella casa questo noi.

Che grande ch'eri tu dentro a noi,

luminosa.

Che piccola ero io,

buia.

La casa ora è vuota.

Che vuoto questo io

Senza la sua luce:

Tu.

28

A voce spenta.

Campo di grano

Fiaccato dal vento.

Infecondo.

Deserto di luce.

Il mio corpo è un ingombro.

Assorbe il peso delle cose

E perde la sostanza.

Un cuore di piombo

In diafana pelle

Che frusciando

Si sfalda.

29

Fa male essere viva

Sentire l'aria

Soffiarmi la tua assenza

Sulla pelle

Attraversare i giorni

Come a piedi nudi

Un campo di chiodi

La tua assenza

Graffia

Opprime

Fa di me un pesce

In un mare di pietre

30

C'è una bestia spaurita

Annidata nel mio petto

A volte per voce

Ha il latrato di un cane

E per occhi lepri atterrite

Altre volte libera parole

Che tenevo in gabbia

Corvi furiosi, neri

Affamati di confini e cura

Volano fuori di me

Predatori impazziti

Mi portano esausti

Prede strette negli artigli

Come fossero un dono

Che io non oso guardare

31

Ho bisogno di sentire

Mani scorrere

Lungo i miei confini

E premermi forte

Spingere dentro la paura

E non lasciarla uscire

Posarsi salde sul mio petto

Ad ascoltarlo respirare

Altrimenti l'angoscia mi allaga

Mi brucia

Mi scioglie

Il mio cuore è una bambina di neve

32

Voglio spaccarmi come un melograno

E che chicchi amaranto traslucidi

Schizzino via

– Ghiaia di sangue buono –

A inebriarsi di spazio e aria

Fuori dai miei confini

Che la mia scorza spezzata

Si offra alla lingua del sole

Amplesso dorato

Immota cura di luce

33

Sole obliquo sull'erba

Sole come sangue vivo

A nutrire la pietra

Sole corpo che mi avvolge

Sole dentro agli occhi chiusi

Impasto caldo fra le mani per

Affondare le dita e

Stringere i denti

Sole liquido nel vento

Luce a sigillare i ricordi

Nel quarzo esatto del tramonto.

34

Non sono amabile

Sono aguzza

Spinosa

Frastagliata

Ho un contorno scalfito a sangue

Il mio confine

La mia gabbia

Vivo rinchiusa

Non vista

Archeologia misteriosa d'ossa

Senza chiavi

Senza fondo

Senza pace.

35

Ho rabbie ferine e

Tristezze di vetro

Gioie di piuma e

A volte una calma

Di muschio e prati distesi

Ho dolori e nostalgie

Di marmo e piombo

Pianti di chiodi dal fondo del mare

Paure di ruggine e spine

Stanchezze di muri erosi

E steccati divelti

Ma più di tutto

Ho un nocciolo vivo

Una bellezza sottile

Un fondale di luce.

36

Estraggo ricordi dalla mente

Come schegge dalla carne

Aprono buchi, ferite

Ma poi dai fondali liquidi

Emerge la cura

La sostanza che cuce e ripara

Unisce i lembi di pelle

Come i lembi del tempo

Fra ora e prima

Cicatrici:

impasti di dolore e cura.

37

Sondo i miei fondali

Fra ceppi e pietre
Fra stralci di filo spinato
Fra ossa e detriti d'alluvioni

Raccolgo onici e quarzi
Luminoso e liscio sollievo
Sostrato saldo di luce

38

Oggi mi tormenta il sole

La sua bellezza che abbaglia l'aria

    – Erba fili di luce

    Cielo oceano d'onde lievi, mute -

Mi tormenta la luce che non ti sfiora

Il calore che non ti trova

Nell'abbaglio muto del sole

Stride e grida il mio dolore.

39

Non voglio affacciarmi

A questa finestra spalancata,

Alla luna che schiude

Luce lattea sul campo nudo.

Voglio chiuidermi – ostrica tenace

Attorno all'ultimo granello di tempo

In cui ancora ci sei

Sentirti nelle braccia

E fasciarti di parole gentili

A scacciare i fantasmi

Sorriderci negli occhi come da bambine

Mentre il mio respiro si fa perla

A custodirti il battito del cuore.

40

Quando da me

Cadono le foglie

Come da un albero

Una a una

Poi resto spoglia

Resta di me

Quel nocciolo disarmato

Frutto abortito sulla neve

Solo le tue mani

Vorrei a cogliermi

41

Il dolore non è più spinoso

Si fa accogliente

È un rifugio che non ho scelto

Ma non mi abbandona

È ora un palmo ruvido

Su cui mi poso a occhi chiusi e

Quieto raccoglie il mio pianto

42

Alba invernale di sole sottile

Il ghiaccio fiorito sulle zolle

La stoffa grezza della luce

La quiete algida dei suoni

Sbocciati fra la nebbia

Sigillano i miei antichi spaventi

E mi liberano

Come il respiro si libera nell'aria

Senza peso

Senza rumore

Eppure corporeo

Attraverso profonde radici

E lungo distanti rami

– Scorro.

43

Nell'algido stupore della neve

Nella terra abbarbicata a gelide radici

Nel sole sottile di foschia

Nella stoffa impaziente del buio

Nel fiato di fumo che emerge dalle labbra

Nel sonno minuscolo di pazienti creature

Nel muschio ricamato di ghiaccio

L'inverno racchiude e custodisce

In rami nudi e inermi

Batte una promessa di fiori

44

C'è un suono profondo

Che abita il corpo e non lo lascia mai

S'annida in bui silenzi

D'arterie e sangue

Di saliva e fiato

È una musica che non si spegne

S'innalza e s'irradia come un respiro

L'ho scoperto quando m'hai lasciato

Nel naufragio del mondo

Nei frantumi del tempo

Lì ho trovato rifugio:

Quel suono è la tua voce.

45

Il dolore è marmo bianco

Io lo avvolgo

A occhi chiusi ascolto la tua voce

Battermi nel cuore

Venature di lacrime

Attraversano il marmo

Vi nascono fiori tenaci - turgidi di luce.

46

La mia anima era un fiore chiuso

E non succhiava il sole

Pelle d'ombra mi spingeva

All'interno d'un abisso scuro

Che le parole non scalfivano

Perché non aveva un nome.

Dal grembo sicuro del tuo sguardo

(Come un respiro caldo e lieve)

Sono uscita nuda e nuova

Viva sotto la pelle.

47

Sono nata quando ti ho abbracciato

Quando la tua voce ha smussato la paura

E illuminato le mie zolle aride

Entroterra di rovi che hai scaldato come un nido

Insieme abbiamo gettato le spine

Nutrito la vita di parole calde e respiri uniti

Mani e occhi promesse di luce

Ora ho la tua voce stretta nel cuore

La cerco a occhi chiusi

Oltre il marmo bianco del dolore

Sono sola nel nido di rovine

La vita un campo immobile di luce

Abbacinante è il vuoto della tua voce

48

A volte mi abita un'onda selvatica

Un palpito lunare, inquieto

Una fame di vento e muschio

Di terra nuda nel fondo dei boschi

È come un solletico della memoria

Mi scricchiola nelle dita, tra le unghie

Voglio scavare la mia vita via di qui.

49

Grembo di nuda terra

Immobile e mai uguale

Dita lignee, antiche

Tremito di sole sui palmi aperti delle foglie

Ombre muschiose, madide

E improvvise pozze di luce

Respiro verde, vasto di vita

Bosco

Poggio piedi e anima

Sulla tua pelle feconda

Distillo nodi tra i tuoi rami

Tra cortecce e resine

Tra nudità di fango e radici

Mi schiudo

Spoglia di pensieri

Gravida di pace.

50

silenzio,

fatti alveo

per la pienezza

del mio pensiero

racchiudi

rinchiudi

in calda

trasparenza

la mia esagerazione

di vita.

spazio,

accoglimi

avvolgimi

di luce ambrata

e ombra fluida

in una città

lontana.

aria,

lasciami

sulla pelle

un odore nuovo

respirami

inspirami e

dolcemente

partoriscimi.

51

Mi ferisce l'inconsistenza del tempo

Il suo esser carne solo nell'attimo presente

Il combaciare effimero con lo spazio

Quel suo svolgersi di ingranaggio misterioso

Che abitiamo ciechi e disarmati

Vorrei essere fluida nel tempo,

non ruota dentata d'un meccanismo oscuro

ma medusa di luce contrattile per pulsare a ritroso

utero traslucido a racchiudere e proteggere

chi fuori dal tempo è scivolato e perduto

52

Mi colpisce la tua assenza

In ogni fuga d'uccelli in volo

In ogni pietra d'ogni muro

In ogni spiraglio di vita oltre un uscio

In ogni filo d'erba acceso di sole

In ogni istante che passa ma non vuole

Il mondo è tagliente e

Abbaglia, senza rifugio, senza pelle

Ogni alba m'inonda lo sgomento del tuo vuoto

Mi rinchiudo nel mio cuore

Dove intatta risuona la tua voce.

53

Mi spoglio del quotidiano sapore delle cose

E ti raggiungo

Pane antico da addentare con l'anima

E con le mani avvicinare al viso, al respiro.

Il tuo odore è un bosco che m'attraversa

E mai mi lascia uguale

Ciò che in me era stabile si scioglie

Nel segreto divampare del tuo nome.

54

Lascia che appoggi il viso al tuo petto

E che il silenzio ci vesta d'ombra

Che la parola nuda si schiuda

Alle soglie della voce

Senza attraversare le labbra.

Lascia che appoggi il mio respiro cauto

Al saldo nido delle tue mani

E con la tua pelle di bosco

Plasma i confini del mio corpo

Fammi, attraverso te, mia

55

Nel buio del corpo

È una luce acquea

Seme di silenzio

Salino germoglio di vita

Affonda piccole salde radici

Nel grembo fluido, purpureo.

Prima

Era un piccolo dolore

Come un remoto segreto del corpo

Eppure

Già cuore che batte

Già due

Già figlia - e madre

Quando ancora mi sapevo una.

56

Non avrà la grazia dell'ostrica

Il nostro distacco:

Il dolore assedierà la mia voce

Ed estirperà dalla tua gola il silenzio

Conosceremo prima il nostro pianto

Poi l'abbraccio saldo delle mani

Ma stasera abiti ancora il mio corpo teso

Ti nutri del mio respiro

E non sai d'esser altra da me

57

È una quiete liquida, sontuosa

È impasto caldo di seme nel grembo

È gran lavoro di sangue e cuore

È corpo schiuso al mistero

Corpo potente e fecondo

È ponte fra i mondi

Tra il qui che abitiamo

E l'altrove che attraverso noi

Si svela

58

Come una conchiglia dal mare
Sei emersa dal mio grembo purpureo

Antica e nuova

Vita minuscola e maestosa
Posata sotto al mio sguardo

Corpo quieto e lieve

Nocciolo di vita
Bianco e lucente

Scintillio di un istante scolpito, eterno

Tu, sul mio petto

Inespugnabile luce

59

Ho paura

Una paura liquida

Che scorre nel sangue

Si alza e si abbassa

Come respiro e marea

E feconda

Col suo seme nero

Le mie terre più fonde

60

Sentire la tua voce è tornare a casa

La casa più antica

Prima della vita

Prima del dolore

La tua voce è spazio vergine

Confine inviolabile

Dolcezza vasta attorno al cuore

Battito di terra e luna

La tua voce è tornare a casa

È il sollievo della dolcezza conquistata

Dell'angoscia che si sfalda e va

Della durezza che si arrende quieta

Come un sorriso dopo il pianto

61

A occhi chiusi

Ho posato l'anima sulla tua voce

Come un dono silenzioso

Come un seme di luce

Eppure non è bastato.

62

Leviga il silenzio

Solo un

Acqueo palpitìo

Lontano

63

Notte diafana e sulfurea

In quest'isola nuda

La mia pelle raccoglie

Un odore antico.

Ogni angoscia

Si sfalda e sfa come

Vapore al vento.

Silenzio morbido

Di luna

Mi si schiude in petto

Un pianto vasto, felice.

64

È silenzio trasparente e

Madido di sole

Cristallo diafano

Grembo acqueo celeste

Palpitìo liquido –

Mi accoglie.

Il tempo scivola

Di luce in luce e

Non mi scalfisce

Ogni cosa è lontana

Sono anch' io acqua e sale

Nuda nel mare.

65

Il sole

sfiora la pelle del mare

si sbriciola in

liquide schegge di luce.

Il silenzio

si tinge di algida

trasparenza ambrata.

Fragile l'aria, e nuda,

sospende in perlacea fluidità

l'ultima evanescenza del giorno

66

La grazia del sole al tramonto.

Della luce senza rumore,

dei colori che si sfaldano,

uno a uno,

si spengono, verso il buio.

La grazia del silenzio blu

tra il crepuscolo e la notte,

degli intarsi di nubi sfilacciate.

Si stringe la corolla della notte

attorno al mondo,

umida, oscura

67

A volte le radici

Si volgono in su

Per succhiare

La luce del cielo

O nutrirsi

Del terso silenzio della notte.

68

Cercami dove io stessa non mi trovo

Lasciati fluire dove il tempo

Mi ha ridotto arido campo

Lieve, bagna il mio silenzio di parole

– Pioggia quieta

A lenire aguzze zolle d'abbandono

Nell'intricato morbido incontrarsi

Della pelle e del respiro

– Alveo buio oltre lo sguardo

Trovami

A fior di labbra schiudimi.

69

Nella calma rattoppata delle notti

Tra sussulti bui della memoria

E fratture nel tempo

-        Fonde crepe in un muro –

Abito il tuo corpo, il tuo respiro

Come una baracca

Costruita su un dirupo

Sei lenta salvezza

Sei riparo tenace

Sei archivio di senso e speranza

-        Irrinunciabile luce.

70

Sembra ieri che c'eri

Sembra l'eternità che non ci sei

Tra ieri e eternità una frattura

Un limbo dove io dimoro

Cullo il dolore per quietarlo

E intatta ti avvolgo nel mio amore.

71

Non c'è nudità più assoluta del dolore

Nudità scorticata e inerme

Nudità senza riparo

Bagnata di lacrime e sangue

Come dopo un parto

Nudità esausta, sfinita ma senza pace.

Dal dolore si emerge come da un naufragio

Soli e atterriti

Inghiottiti dal mare e poi partoriti

In un luogo familiare che non riconosciamo.

72

Se ti potessi parlare

Ti getterei parole al collo

Come uno scoppio d'uccelli in fuga

La tua voce come pane

Nutrirebbe la mia anima stanca

E un sollievo sboccerebbe nel mio petto

Inatteso frutto tra i rami

Affiderei pensieri al tuo sorriso forte

Avvolgerei l'anima

Nel quieto alveo del tuo sguardo

Invece

Solo le grevi onde del ricordo

A lambire lo stupore della sera.

73

Raccogli tra le dita

E nel respiro

La mia fragilità

E proteggimi.

È bello

Affidare i miei silenzi

Al palmo saldo

Delle tue mani.

E quando

Mi spezzo e mi sfaldo

Di malinconia

Ritrovo i contorni

Nel caldo alveo

Della tua voce.

74

quando a sera

il silenzio s' annida

in anfratti

d'ombre instabili

e il buio

sfalda i contorni

palpitando ignote melodie,

cerco la tua mano

- saldo rifugio -

e non voglio

altro odore

che il tuo

a salvar la mia pelle

dall' alveo oscuro

della notte,

altro respiro

a vegliar su me

fino al turgido sollievo

del mattino

75

Sono come un pesce all'amo:

nel petto un dolore purpureo

di carne strappata,

nella bocca stravolta

si addensa il sangue.

Eppure nuoto e nuoto,

fino a quando perderò

il cuore, brandello osceno

impigliato negli uncini

del tuo amore.

76

Come neve docile si liquefà

E affonda il suo gelo nel fango

Così anche questo passerà

Anche questo schiaffo smetterà di far male

Affonderà il fragore della pelle che brucia

Nella nuda carne che tutto accoglie, muta

Tutto assorbe e trattiene

Vergine al dolore come mani in preghiera

Poi dentro brucerà un grido

Un pianto di fuoco

Che divampa ad ogni batter di cuore

Ma alle soglie della pelle s'infrange

Fuori - balugina solo la cenere del silenzio.

77

Vorrei esser pioggia

Per sorprenderti

Nel mio liquido abbraccio

E baciarti goccia a goccia

Mentre - solo - torni a casa.

Caderti tra i capelli,

Scivolarti tra le dita

In perle d' acqua.

Fossi goccia

Lungamente

Abiterei il tuo viso,

Lievemente

Dolcemente

Scivolando,

Fino ai nidi del tuo corpo

Segreti.

E dissolvermi vorrei

In quell' odore che conosco -

Ora fresca corolla nuda

Che rinchiude altri silenzi

- non il mio.

In pioggia scivolarti vorrei

Sulla pelle e lì restare,

Muta carezza,

Fino al prossimo sole.

78

La vita è disciolta nel tempo

Scorre in liquida sfuggente alchimia.

Eppure contrarre vorrei quell' alba

In un grumo di silenzio cangiante.

Coagulare l'emorragia del tempo

In calda materia

Da salda tenere nelle mani.

Succhiare come un bacio inesauribile

La polpa del ricordo:

NOI.

Disciolti in sottile respiro

In sperma e sale

In nudo calore.

Leggeri di gioia,

Pesanti d'amore.

79

Cerco una scheggia viva di calore

Nel marmo bianco del mio petto

- sorriso - voce - mani

L'aria traslucida di sole

Non mi accoglie

Tutto è un molle appiglio

Che mi lascia andare

80

Vorrei visitare i

Tuoi sogni - no

Vorrei che

Spiragli di me

Filtrassero nel tuo sonno,

In silenzio, discreti

Così che al mattino

- un istante -

O anche meno

Qualcosa - di me - DENTRO

Ti punga. Quasi

Una nostalgia.

81

Ci racchiudiamo in

Crisalidi di opposte

Solitudini per

Schiuderci e

Trovarci, nuovi

82

È te che stanotte cercavo

Con un grido che scendeva

fino al buio delle ossa

e che uscendo lacerava la gola?

Perché al risveglio non t'ho trovato

Non c'era quel calore che

Raccolgo a pieni occhi dal tuo viso

Come il grano raccoglie il sole.

Al risveglio,

Solo gli algidi frantumi della neve.

83

Porto il fardello

Di passioni non spese

Come feti

Morti nel grembo

(E come una Madre

Piena d' Amore

Li sogno e li piango

E li vorrei custodire

Così) rimando

Il momento

Di partorire

- in silenzio -

Il mio dolore

84

Vorrei un corpo che non sia un mucchio d'ossa,

spinoso tempio di echi

svestito di carne.

Vorrei un corpo profondo,

culla di mare,

carne levigata e forte.

Corpo di pane, di latte,

di sale d'acqua e respiro.

85

Come un fiore di loto

(perlacea dolcezza

turgore latteo

quasi di luce)

Su acque stagnanti.

   Così

È il pensiero di te – dentro me:

Gioia nuova.

86

è bianca

come il ghiaccio

in me

la solitudine

eppure fertile

come terra

calda e scura.

un utero di neve.

raccolgo, accolgo.

sono sola: sono

(nuovamente)

mia.

87

Sento la spinta

Sotto la pelle

Di nuove radici

Sono aperta alla luce

Con cautela

A cicatrici nude

Io sono il mio dolore

Il mio dolore è un seme

Implora aiuto

A volte grida o

Sanguina magnifici fiori

Cerco un alveo

In cui versarmi e

Altre mani a tracciare

I miei nuovi confini.

88

Trovare le parole

È la salvezza

È incidere la strada

È scolpire l'esattezza del pensiero

E definire i contorni per esistere

Non trovare le parole

Sono unghie

A scavare un grembo

Senza uscita

Sassi

/sàs·so/

sostantivo maschile

L'amore che non ti ho dato
S'è fatto sasso

Rimane tutto qui

Cucito nel petto
A schiacciarmi il respiro

Ma la tua voce
Mi canta nelle ossa

Le imbianca

Dirti addio

Respirare chiodi

Masticare marmo

Ingoiare vetro

Abortire il cuore

E stringere le gambe

Per non farlo uscire

Il dolore

Il mondo non è mai apparso

Così nitido: taglia come vetro.

I suoni sono irreali,

Impastati di luce,

Abbagliano.

I ricordi sono pietre,

Pesano, colpiscono.

Le parole sono gusci vuoti,

Foglie secche spezzate

Fra i denti.

Il cuore un groviglio di spine

E gli occhi lepri smarrite,

Vergini.

Mancare

mancus:

monco, imperfetto.

Mi manchi

Manco di te

Manco di noi

Sono ferita

Violata

Penetrata dal dolore

Un chiodo affondato

Nel buio dei miei luoghi disarmati

Dove eri tu

Dove eravamo noi

Inviolabili

Irreparabili

Assenza

Essere lontano.

Vedere il sole sciogliersi su un muro

I rami – matite esatte contro il cielo

Palmi a leccare il sommesso agitarsi del vento

E dal tepore quieto delle cose

Distillare come un grido, una frattura

La tua assenza è il riverbero greve alle soglie d'ogni

luce.

Nostalgia

Quando oltre la finestra spalancata

Mi colpisce non il tronco intarsiato degli alberi

O il silenzio terso dell'aria

Ma lo spazio inerme tra i rami

Il vuoto che riluce nelle cose

Come una pausa nel respiro

Il pensiero che l' esistenza di sangue che scorre

Non è più la tua dimora.

Cedere

La resa.

Farsi sacca accogliente e non lottare

Contenere e non rifiutare

Trattenere ciò che non si può cambiare

Adattarsi ai contorni che dobbiamo abitare

Accomodare, ammorbidire

Cede e si scioglie nello sguardo la durezza del resistere:

concedersi il sollievo di non lottare

di addolcire, di lasciare

di crollare e rifiutare

rinunciare, oltrepassare, offrirsi, ritornare.

Guarire

È la forza di lasciarsi abitare e attraversare

Di concedersi eppure lottare

Di racchiudere un dolore e poi lasciarlo andare

Di accogliere e negare

Trattenere e abbandonare

Il guarire ha il ritmo della luna e del mare

Del lento digerire

Conservare e liberare.

Imbolc

Festa di latte e grembi schiusi

Di fiato inerme d'agnelli

Di respiri bianchi e mammelle

Di calore annidato nell'oscurità smagliata

Nella linfa che di nuovo scorre

Terra utero accogliente

Gravido d'erba e gemme e

Cielo gravido di chiariori

Festa di candele a scaldare le mani

A vegliare sulla Terra nel suo travaglio

Confine che si gonfia e allenta

Tra il dentro che genera e trattiene

E il fuori che accoglie e attende

Primavera

Sento la spinta della gemma

Dentro al ramo

Il senso del respiro

Che si espande

Esige spazio

Spezza il legno

Sento lo strappo dell'albero

La lacerazione

Ma anche il senso

Del quieto liberare

Di lasciarsi aprire

Di affermarsi e germogliare

Sento la carezza del boccio

Quando emerge dal legno

Punta di lingua

A schiudermi le labbra

Inarrestabile e lieve

Conchiglie

Sono materia del mare

Calcio estratto dall'acqua e fatto corazza e casa

Fortezza libera tra le maree

A proteggere una lingua di vita salina

Si schiudono e succhiano il mare

E poi lo spingono fuori

Perfetta economia – trattengono ciò che le nutre

E al resto oppongono valve tenaci –

Come mani a rifiutare un superfluo dono.

Nudità

Scivolare nel tempo intatto di quando ti ho incontrato,

ritrovarti confine nitido, inesplorato,

amarti da capo come allora

ma col peso del nostro tempo legato,

dei confini valicati e mischiati,

dei corpi impastati e scavati,

del fluido abitarsi scontrarsi e spogliarsi sempre più

nudi,

sempre più in fondo,

nudità di caverna, nudità marina,

nudità essenziale come pioggia sui palmi,

indifesa come una tana,

nudità accogliente e senza rimpianti

Fiato

Spirito e respiro sono la stessa vibrazione

La stessa sostanza che sospinge e spegne,

gonfia e svuota.

Respiro verde di alberi ed erba,

respiro ondulato del mare,

fiato corto di paura,

fiato aperto di sollievo.

Respiri impastati insieme quando si dorme,

respiro sbriciolato di pianto inerme.

Fame d'aria, polmoni cornamuse voraci.

Delle mie figlie appena nate cercavo il respiro sottile,

il palpito vivo del corpo,

il calore delle narici

e quel fiato lieve e fecondo è il senso del mio essere

qui.

Levigare

Rendere liscio, strofinare, lambire.

Mi lascio levigare di parole gentili

Di mani che strofinano la mia paura e l'allentano

Di risate che smussano e addentano

Di pensieri che graffiano e tormentano

Di cibo che arrotonda e sazia

Di pianto che scuote e lava

Di voci che cullano e addormentano.

Angoscia

Come se nulla fosse sicuro

Come se qualcuno dovesse entrare

Violare rubare predare

I muri non tengono

La pelle non tiene

Non ci sono barriere a proteggere il nocciolo di me

Le ombre sono pozze nere e celano agguati

Sono un corpo che si può afferrare

Penetrare

Ho la voce sbriciolata dentro

E gli occhi vuoti

Porte spalancate

Qualcuno può entrare a portarmi via

A violare la mia casa

A violare i confini di me

È già qui

Dove il terrore mi ha inchiodato

Il terrore della bestia da preda

Morbida, inerme.

Frantumi

Non un filo da riavvolgere lento attorno alle dita,

rosario di voci e immagini in cui ogni cosa è legata.

Frantumi, algidi e taglienti,

sparsi lungo una scala a chiocciola senza ringhiera.

Questo è quello che ho lasciato alle spalle,

questo per me è ricordare.

Attorcigliarsi in una vertigine che spezza l'equilibrio,

mentre i piedi sanguinano a ogni passo.

Pane

Nutrire, proteggere.

Prendimi fra le mani

E spezzami

Sono il tuo pane

Briciole sul fondale del bosco

Raccoglimi con le dita

Conservami nelle tasche

Come il sapore dell'ostia

Sulla lingua

Fai di me sempre la traccia

Per trovare la tua strada.

Miniature veneziane

Siedi.

Conserva sulla pelle

L'ombra delle calli

Mentre posi le mani

Sulla pietra tiepida.

Raccogli nel respiro

Il sole e la polvere del vento.

Il mare tremula

In riverberi lievi

Sui muri antichi, senza rumore.

Anche a sera Venezia

Custodisce una memoria di luce.

Tintoretto, Ultima cena

Dal lucernario emerge

Un volo di angeli inquieti

Il loro grido di fumo

Non sgualcisce

Il risuonare delle voci

Vibra ovunque uno spavento

Una tensione di mani tese

E occhi sgranati

Come un'intuizione

Eppure il grido degli angeli

È un indicibile culmine di luce.

Tintoretta, un'immagine

Una bambina, Maria.

Marietta.

Messa al mondo dal padre

Con colori lucenti.

Sulle spalle il palmo saldo

Della madre, scudo per le ombre

E oltre lo sguardo,

Oltre l'indice puntato

– Raggio limpido a solcare l'aria

Riluce un inatteso splendore.

Rapimento, violazione

Tintoretto, Il ratto di Elena

Allo scontro di navi

Ai corpi mescolati al tumulto dell'acqua

Allo strepito plumbeo

Alla dura cecità delle mani

Si oppone Elena

Corpo morbido di luce

Quiete inerme nello sguardo eppure forte

Biancore del seno

Come una dichiarazione d'innocenza

Collana Carmina Moderna